BEI GRIN MACHT SICH IHR WISSEN BEZAHLT

- Wir veröffentlichen Ihre Hausarbeit,
  Bachelor- und Masterarbeit

- Ihr eigenes eBook und Buch -
  weltweit in allen wichtigen Shops

- Verdienen Sie an jedem Verkauf

Jetzt bei www.GRIN.com hochladen
und kostenlos publizieren

Bibliografische Information der Deutschen Nationalbibliothek:

Die Deutsche Bibliothek verzeichnet diese Publikation in der Deutschen National-
bibliografie; detaillierte bibliografische Daten sind im Internet über http://dnb.d-
nb.de/ abrufbar.

Dieses Werk sowie alle darin enthaltenen einzelnen Beiträge und Abbildungen
sind urheberrechtlich geschützt. Jede Verwertung, die nicht ausdrücklich vom
Urheberrechtsschutz zugelassen ist, bedarf der vorherigen Zustimmung des Verla-
ges. Das gilt insbesondere für Vervielfältigungen, Bearbeitungen, Übersetzungen,
Mikroverfilmungen, Auswertungen durch Datenbanken und für die Einspeicherung
und Verarbeitung in elektronische Systeme. Alle Rechte, auch die des auszugsweisen
Nachdrucks, der fotomechanischen Wiedergabe (einschließlich Mikrokopie) sowie
der Auswertung durch Datenbanken oder ähnliche Einrichtungen, vorbehalten.

Impressum:

Copyright © 2009 GRIN Verlag
Druck und Bindung: Books on Demand GmbH, Norderstedt Germany
ISBN: 9783668633742

Dieses Buch bei GRIN:

https://www.grin.com/document/412103

Silja Becker

Motive von Studierenden zur Wahl des Studienganges Erziehungswissenschaft

Ein Forschungsbericht

GRIN Verlag

GRIN - Your knowledge has value

Der GRIN Verlag publiziert seit 1998 wissenschaftliche Arbeiten von Studenten, Hochschullehrern und anderen Akademikern als eBook und gedrucktes Buch. Die Verlagswebsite www.grin.com ist die ideale Plattform zur Veröffentlichung von Hausarbeiten, Abschlussarbeiten, wissenschaftlichen Aufsätzen, Dissertationen und Fachbüchern.

Besuchen Sie uns im Internet:

http://www.grin.com/

http://www.facebook.com/grincom

http://www.twitter.com/grin_com

Philipps-Universität Marburg

Fachbereich Erziehungswissenschaften

Institut für Erziehungswissenschaft

SS 09

Werkstattseminar: Auswertung qualitativer Daten

Leitung: Udo Kuckartz, Claus Stefer

Forschungsbericht zum Thema:

Motive von Studierenden zur Wahl des Studienganges Erziehungswissenschaft

Abgabedatum: 13.07.2009

Silja Becker

1. DAS MATERIAL

Die Interviews wurden im Rahmen eines Online-Seminars bei Thorsten Dresing durchgeführt. Unter der Forschungsfrage „Welche Motive hatten Studierende der Pädagogik für ihre Studienwahl?" wurden von einer Arbeitsgruppe insgesamt zehn Interviews, teilweise per Chat, durchgeführt. Für diesen Forschungsbericht haben wir uns auf das Material von sechs Interviews beschränkt.

i_1:
Alter: 22

Geschlecht: weiblich

Semesteranzahl: 6

Studiengang. Diplom Pädagogik

i_2:
Alter: 22

Geschlecht: weiblich

Semesteranzahl: 6

Studiengang: Diplom Pädagogik

i_3:
Alter: 22
Geschlecht: Männlich

Semesteranzahl: 4

Studiengang: Bildungs- und
Erziehungswissenschaften (Bachelor)

i_4:
Geschlecht: weiblich

Alter: 23

Semesterzahl: 8

Studiengang: Diplom Pädagogik

i_5:
Geschlecht: weiblich

Alter: 23

Semesterzahl: 6

Studiengang: Diplom Pädagogik

i_6:
Geschlecht: weiblich

Alter: 24

Semesterzahl: 8

Studiengang: Diplom Pädagogik

INTERVIEWLEITFADEN

1. Wie bist du dazu gekommen, Pädagogik zu studieren?

2. Welche Faktoren/Umstände haben deine Studienwahl beeinflusst?

3. Erzähle bitte davon, wie du den Entscheidungsprozess der Studienwahl erlebt hast, beschreibe deine Stimmungen, Gedanken, Gefühle.

4. Erinnere dich an die Zeit vor dem Pädagogik-Studium, beschreibe bitte deine Vorstellungen und Erwartungen an ein Pädagogik-Studium im Vorfeld

deiner Studienwahl.

5. Wie bewertest du diese Vorstellungen und Erwartungen heute? Haben sie sich erfüllt?

6. Wie bewertest du deine Studienwahl heute?

2. METHODISCHES VORGEHEN

Da wir als Datenmaterial die Interviews aus einem anderen Seminar verwenden, haben wir selber keine Daten erhoben. Die Interviews wurden lediglich in MAXQDA eingefügt, damit sie dort in den folgend Schritten bearbeitet werden konnten.

Der erste konkrete Schritt war somit das sorgfältige Erkunden der Daten, sprich das Lesen der transkribierten Interviews ich Hinsicht auf interessante Hinweise, Besonderheiten oder besonders ausgeprägten Themen. Dabei wurden Notizen in Form von Memos erstellt.

Anhand der Memos wurde eine kurze deskriptive Zusammenfassung aller von uns bearbeiteten Interviewtexte erstellt, der die Funktion hatte, leichter Differenzen oder Ähnlichkeiten der Interviews ausfindig zu machen. Berücksichtigt wurde in diesem Arbeitsschritt natürlich, dass durch die Form der Interviews, nämlich durch den Leitfaden, bereits eine bestimmte Struktur an Themen vorgegeben war. Der Leitfaden, die Forschungsfrage und die Ergebnisse der ersten Zusammenfassung ergaben die Basis für das Kategoriensystem, was anschließend erstellt wurde. Die Kategorien mussten mehrmals geändert werden, weil sie sich entweder überschnitten, also nicht trennscharf waren, oder aber, weil sie nur eine Zuordnung erfuhren (genaue Dokumentation des Vorgehens: siehe Anhang).

Nach einigen Überprüfungen entstand ein endgültiges Kategoriensystem, welches in MAXQDA übertragen wurde. Der folgende Schritt war Kodierung des Materials in MAXQDA, was unabhängig voneinander erfolgte. Die Ergebnisse dieses Arbeitsschrittes wurden diskutiert, aber es gab nur minimale Abweichungen. Die beiden Dateien wurden zu einer zusammengefügt, um das Material anschließend Kategorienbasiert auswerten zu können. Die Kategorien wurden nach Anzahl der Zuordnungen sortiert, um das Material kategorienbasiert auszuwerten. Dabei haben wir uns für eine kurze Übersicht der Resultate aus den beiden Kategorien mit den meisten Zuordnungen entschieden. Dabei wurden die zugeordneten Textstellen gründlich gelesen, die Inhalte der Kategorien kurz zusammengefasst und alles notiert und hervorgehoben was zielführend in Bezug zur Forschungsfrage erschien. Um prägnante Themen zu verdeutlichen, wurden Zitate aus den Interviewtexten mit in das Ergebnis mit einbezogen.

Als konkrete Ziele der Untersuchung wurden neben der Forschungsfrage folgende Fragen formuliert: Welche Vorstellungen haben Studierende von dem Studiengang Erziehungswissenschaft vor Beginn ihres Studiums gehabt? Wie informiert waren sie vor Beginn über den Studiengang und welche pädagogischen Vorerfahrungen bringen sie mit?

Im Laufe der Untersuchung entstand die Frage, ob es einen unmittelbaren Zusammenhang zwischen der Informiertheit im Vorfeld und den Vorstellungen, bzw. zwischen den pädagogischen Vorerfahrungen und den Vorstellungen geben könnte. Zu diesem Zwecke wurden bereits Codierten Textstellen zu diesen Kategorien neu und skalierend codiert-um sie auf einem Skalenniveau angeben und vergleiche, bzw. in Bezug zueinander setzen zu können.

Interview	Skalenniveau pädagogische Vorerfahrungen	Skalenniveau Informiertheit im Vorfeld	Skalenniveau Vorstellungen Studiengang
i_1	Keine Erfahrungswert	Mittelmäßig informiert	Konkrete Vorstellungen
i_2	Mittelmäßiger Erfahrungswert	Gut informiert	Ungefähre Vorstellungen
i_3	Hoher Erfahrungswert	Nicht informiert	Keine Vorstellungen
i_4	Keine Erfahrungswert	Nicht informiert	Keine Vorstellungen
i_5	Hoher Erfahrungswert	Nicht informiert	Konkrete Vorstellungen
i_6	Hoher Erfahrungswert	Nicht informiert	Ungefähre Vorstellungen

3. RESULTATE

Anhand der Auswertung sollen in diesem Abschnitt, die in Form von Fragen formulierten Ziele der Untersuchung zusammenfassend beantwortet werden.

1. *Welche pädagogischen Vorerfahrungen bringen die Studierenden mit?*

Die meisten Zuordnungen fanden sich in der Kategorie „Vorerfahrungen im pädagogischen Bereich". Mehr als 60% der Befragten[1] bringen pädagogischen Vorerfahrungen mit. Dabei werden von zwei Befragten Praktika genannt, die im Kindergarten absolviert wurden. Auch das Freiwillige Soziale Jahr (FSJ) wurde als pädagogische Vorerfahrung genannt. Ein Befragter absolvierte das FSJ bei den Johannitern, der andere in einem Jugendhaus. Zweimal wird auch generell die Arbeit mit Kindern und Jugendlichen angeführt, unter anderem in Kirchen und bei Freizeiten.

Einzelne Nennung sind eine Ausbildung zum Sozialassistenten, ein Fachabitur in Sozialwesen, Arbeit mit behinderten Menschen und ein soziales Projekt im Rahmen eines Jahres im Ausland. Auffällig ist, dass alle Befragten bis auf einer Erfahrungen aus unterschiedlichen pädagogischen Tätigkeiten mitbringen:

> „Das fing relativ niedrigschwellig an in mit einem Kindergartenpraktikum, Babysitten, ehrenamtliche Mitarbeit in einem Verein für behinderte Leute, dann Ferienfreizeiten und dann nach dem Abi ein dreiviertel Jahr in Peru in sozialen Projekten und das (...) hat alles zusammen so den Ausschlag gegeben, dass ich praktisch mir so mein Feld zurecht gesucht habe. (...) Also ich bin... hatte anderthalb Jahre Praxis, erst in Südamerika und dann habe ich hier noch mal ein dreiviertel Jahr in einem Heim gearbeitet." (i_6, 26-28)

Die pädagogischen Vorerfahrungen waren bei zwei der Befragten ausschlaggebend für ihre Entscheidung zur Wahl des Studienganges:

> „Ich habe nämlich schon früh angefangen kinder- und Jugendarbeit zu machen. Alles fing also an mit meiner Gruppenleiterausbildung. Von daher rührt das interesse und die Tendenz später in die soziale bzw pädagogische Richtung zu gehen schon weiter zurück. Letztlich habe ich vor dem Studium ein FSJ in

---

[1] Wir verwenden in diesem Bericht aus Platzgründen nur die männliche Form. Gemeint sind weibliche und männliche Befragte.

einem Jugendhaus gemacht, was mir denk ich den letzten Stoß gegeben hat Pädagogik zu studieren." (i_5, 38)

2. *Welche Vorstellungen haben Studierende von dem Studiengang Erziehungswissenschaft vor Beginn ihres Studiums gehabt?*

50% der Befragten haben sich zu Vorstellungen über theoretische Inhalte des Studiums geäußert. Dabei wurden die Vorstellungen genannt, dass man Einblicke in die Theorien erhält.

„Das Studium. Ähm, ich habe mir mehr vorgestellt, dass man wirklich auch richtige Theorien lernt, weil beim Pädagogik-Lk in der Schule war halt, dass wir wirklich viele Theorien gelernt haben, das wi die auch miteinander verknüpft haben und gekuckt haben, was anders ist und so. Genau, und das hab ich mir mehr vorgestellt und auch dass man konkretere Sachen lernt." (i_2, 24)

„Vorstellungen waren wohl einen tieferen Einblick in verschiedene Arbeitsfelder und Handlungsweisen, sowie Theorien zu bekommen." (i_5, 61)

Ein Befragter hat sich allerdings so geäußert, dass er sich nicht vorstellen konnte welche Inhalte unter einem theoretischen Aspekt bearbeitet werden könnten.

Zwei der Befragten äußerten sich zu Vorstellungen über Praxisbezüge, praktische Einheiten und praktische Inhalte im Studium:

„Ich war mir schon im Klaren, dass es sich um ein wissenschaftliches Studium handelt, aber konnte vor dem Studium noch nicht so ganz die Unterschiede zu einem Studium an der FH festmachen. D.h. ich dachte es gibt viele Berufspraxisbezüge und Praktische Einheiten -von Anfang an des Studiums." (i_1, 44)

Von Einzelnen wurden einmal genannt, dass er keine Vorstellungen hatte von dem Studium generell hatte:

„an das studium an sich hatte ich glaube ich keine großen erwartungen. mir ging es eher um das ergebnis und eben darum, dass ich dann hier wohnen kann... ich konnte mir auch nicht wirklich etwas darunter vorstellen was auf mich zu kommt." (i_4, 41)

Ein zweiter Befragter gab an keine großen Erwartungen gehabt zu haben und bezeichnet seine Vorstellungen sogar als „Blauäugig".

3. Wie informiert waren die Studierenden vor Beginn über den Studiengang?

In dieser Kategorie ist aufgefallen, dass es zwar die dritt meisten Zuordnungen gab, allerdings nur aus zwei unterschiedlichen Interview. Nur zwei der sechs Befragten gaben also überhaupt an, sich vor dem Studium über selbiges Informiert zu haben. Dabei wurden unterschiedliche Formen der Informationsbeschaffung genutzt. Aus dem Interview i_1 geht nur hervor, dass der Befragte sich lediglich „mit dem Studiengang Erziehungswissenschaft beschäftigt" hat (i_1, 28). Der Befragte in i_2 gibt an, die Studienberatung genutzt, und sich anderweitig noch im Zeit-Studienführer informiert, und sich die Webseite der Universität angeschaut zu haben:

„Genau, ich war bei der Studienberatung, bei mir in der Schule und - genau - der hat dann halt gesagt, dass Pädagogik auch geht. Dann hab ich mir durchgelesen, was man so in Pädagogik studiert, und Psychologie studiert und fand Pädaogik auch sehr sehr interessant. (…)Ah die Internetseite hab ich mir natürlich auch angekuckt, ja." (i_2, 10-18)

Abschließend lässt sich sagen, dass ein relativ hoher Anteil der Befragten, nämlich vier von sechs, pädagogische Erfahrungen vor dem Studium gemacht haben. Diese sind sehr unterschiedlich ausgefallen und wurden in verschiedenen Bereichen absolviert. Vorstellungen über den Studiengang an sich haben ebenfalls vier von sechs Studierenden gehabt, wobei sich diese nach theoretischen und praktischen Inhalten differenzieren lassen. Die Informiertheit im Vorfeld hat eine unerwartete Besonderheit aufgewiesen, nämlich dass nur zwei Studierende angaben, sich in irgendeiner Form vorher mit dem Studium auseinandergesetzt zu haben, bzw. hat nur ein Befragter angegeben, in welcher Form Informationen beschaffen wurden.

An dieser Stelle entstand das Interesse, diese Inhalte noch einmal skalierend zu untersuchen, um herauszufinden, ob es einen Zusammenhang zwischen der Informiertheit und den Vorstellungen, bzw. zwischen den pädagogischen Vorerfahrungen und den Vorstellungen gibt.

Vorstellungen Studiengang und Vorerfahrungen im pädagogischen Bereich:

Vorstellungen / Studiengang / Vorerfahrung im pädagogischen Bereich	Keine Vorstellungen	Ungefähre Vorstellungen	Konkrete Vorstellungen	insgesamt
Kein Erfahrungswert	1	-	1	2
Mittelmäßiger Erfahrungswert	-	1	-	1
Hoher Erfahrungswert	1	1	1	3
insgesamt	2	2	2	6

Vorstellungen Studiengang und Informiertheit im Vorfeld:

Vorstellungen / Studiengang / Informiertheit im Vorfeld	Keine Vorstellungen	Ungefähre Vorstellungen	Konkrete Vorstellungen	insgesamt
Nicht informiert	2	1	1	4
Mittelmäßig informiert	-	-	1	1
Gut informiert	-	1	-	1
insgesamt	2	2	2	6

Aus den Tabellen geht hervor, dass es keinen unmittelbaren Zusammenhang gibt zwischen pädagogischen Vorerfahrungen und Vorstellungen über den Studiengang, bzw. zwischen der Informiertheit im Vorfeld und den Vorstellungen. Dabei berücksichtigt werden muss natürlich die geringe Anzahl der Interviews.

Auffällig war nur, dass laut der skalierenden Codierung drei von sechs Befragten, im Falle dieser Untersuchung also 50% einen relativ hohen Erfahrungswert aus pädagogischen Tätigkeiten vor ihrem Studium errungen haben. Des weiteren ist aufgefallen, dass vier von sechs Befragten, also ungefähr 67%, unter das Skalenniveau „Nicht informiert" fallen.

4. Dokumentation des Vorgehens

Kategorienbildung für die Themenorientierte Inhaltsanalyse:
Das Kategoriensystem wurde anhand der in den Interviews auftauchenden Themen erstellt. Dabei ist zu berücksichtigen, dass die Themen durch den Interviewleitfaden natürlich in einem gewissen Maß gesteuert worden sind. Die Themen der Befragten wurden generalisiert und zu Hauptkategorien zusammengefasst. Nach mehrmaliger Überprüfung am Material wurden Subkategorien entwickelt oder Hauptkategorien wieder entfernt, bis das endgültige Kategoriensystem feststand.

Im Hinblick auf die Forschungsfrage, sollten „Erwartungen" und „Vorstellungen" differenziert betrachtet werden. Der Hintergrund war die Annahme, dass die Studierenden eine gewissen Anspruchshaltung mit klaren Forderungen an den Studiengang mitbringen. So wurden die Kategorie Erwartung und die Kategorie Vorstellungen gebildet mit folgenden Definitionen:

Vorstellungen: Vorstellungen über Inhalte, Ablauf und Organisation des
> Studiums

> *Subkategorie Theorie:* Vorstellungen bezüglich theoretischer Inhalte

> *Subkategorie Praxis:* Vorstellungen bezüglich praktischer Inhalte

Erwartungen: Formulierung einer Anspruchs- oder Erwartungshaltung

> *Subkategorie Theorie:* Anspruchs- oder Erwartungshaltung bezüglich
> theoretischer Inhalte

> *Subkategorie Praxis:* Anspruchs- oder Erwartungshaltung bezüglich
> praktischer Inhalte.

Diese Differenzierung ist in den Interviews allerdings nicht deutlich geworden. Die Kategorie Erwartung mit Subkategorien Theorie und Praxis wieder gelöscht, weil es nur zwei Zuordnungen in die Hauptkategorie gab, welche nur aus zwei negierende Aussagen bestanden: „Aber ich hatte zu Beginn nicht solche festgefahrenen Erwartungen, sodass ich heute enttäuscht wäre (...)" (i_1, 48), „an das studium an sich hatte ich glaube ich keine großen erwartungen. mir ging es eher um das ergebnis und eben darum, dass ich dann hier wohnen kann... ich konnte mir auch nicht wirklich etwas darunter vorstellen was auf mich zu kommt" (i_4, 41).

Eine weitere Kategorie wurde nach Beginn der Codierarbeiten mit MAXQDA wieder entfernt, nachdem es keine Zuordnungen gab. Die Kategorie „Bewertung der eigenen Vorstellungen" war folgendermaßen definiert worden: Wie werden die Vorstellungen aus der Zeit vor dem Studium heute bewertet? Sind die Vorstellungen zum Beispiel in Erfüllung gegangen? Diese Kategorie war ursprünglich aus dem Interviewleitfaden entwickelt worden anhand der Frage „Wie bewertest du deine Vorstellungen heute?" Das Problem war, dass die Interviewer diese Frage immer mit einem zweiten Aspekt des Leitfadens in einer Frage stellten, nämlich mit der Frage nach der Bewertung der Erwartungen. Die Befragten haben sich in ihren Antworten tendenziell eher auf die Bewertung des Studiengangs bezogen, es war nicht zu erkennen, ob sie Bezug auf ihre eigenen Vorstellungen oder Erwartungen (die ja vorher auch nicht zu codieren waren) nahmen. Auch waren die Aussagen eher unter der Kategorie „Bewertung der Studienwahl" zu codieren. Deutlich wurde, dass der Studiengang an sich und die Entscheidung zum Studium bewertet wurden. Aus diesem Grund wurde dann die Kategorie „Bewertung der eigenen Vorstellungen" entfernt und eine neue Kategorie entwickelt: „Bewertung Studiengang" mit der Definition „Beurteilung des Ablaufs, Organisation und der Inhalte des erziehungswissenschaftlichen Studiums in Marburg."

KATEGORIENSYSTEM:
Um die Kategorien genau zu beschreiben und zu definieren, wurden Memos verwendet. Beispiel: Kategorie „Vorerfahrungen im pädagogischen Bereich" Memo: Praktische Tätigkeiten im pädagogischen Bereich, Praktika, FSJ, Zivi, Ausbildung, vorangegangenes Studium.

Kategorie	Subkategorie	Ankerbeispiel
Vorerfahrungen im pädagogischen Bereich		„Ich habe nämlich schon früh angefangen Kinder- und Jugendarbeit zu machen. Alles fing also an mit meiner Gruppenleiterausbildung. Von daher rührt das Interesse und die Tendenz später in die soziale bzw. pädagogische Richtung zu gehen schon weiter zurück. Letztlich habe ich vor dem Studium ein FSJ in einem Jugendhaus gemacht, was mir denk ich den letzten Stoß gegeben hat Pädagogik zu studieren." (i_5, 38)
Vorstellungen Studiengang		„Vorstellungen waren wohl einen tieferen Einblick in verschiedene Arbeitsfelder und Handlungsweisen, sowie Theorien zu bekommen. Somit neue Ideen in verschiedene Richtungen zu sammeln um hinterher einen "fundierten" Hintergrund zu habe mit dem ich arbeiten kann. Also auch, das Problemfelder, aktuelle und grundlegende Sachen angesprochen und thematisiert werden." (i_5, 62)
	Theorie	„Vorstellungen waren wohl einen tieferen Einblick in verschiedene Arbeitsfelder und Handlungsweisen, sowie Theorien zu bekommen." (i_5, 62)
	Praxis	„Also ich habe mir, glaube ich, viel mehr Praktisches drunter vorgestellt, so was man jetzt so in Beratung macht oder so diese praktischeren Seminare." (i_6, 30)
Bewertung Studiengang		
	Inhalte	„Im Hauptstudium lernt man einiges mehr an Theorien und es ist mehr anwendbar, aber ich fnd, dass es gerade im Grundstudium viel BlaBla war und viel... Zum Beispiel die erste Vorlesung fand ich wirklich gut, da hat man brauchbare Sachen gelernt, aber eigentlich hatte ich das schon im LK, also wars ne Wiederholung, aber sonst fand ich viel, dass es aus dem Raum gegriffen war und viel Nutzloses auch da war, wo Sachen, wo ich mich nicht wirklich daran erinnere und die ich auch nie brauchen werde, und dass es teilweise für mich auch gar keinen Bezug hatte, die Sachen, wie sie aufeinander aufgebaut waren." (i_2, 26)
	Bedingungen	„Ich würde es auf jeden Fall noch mal studieren, ich würde auch auf jeden Fall wieder an die Uni gehen. Ähm und ich habe das auch sehr genossen, dass es so frei war. Also ich weiß nicht, ob ich mit so einem Bachelor Studiengang mich genauso gut gefühlt hätte, sondern dadurch, dass mich die Uni am Anfang nicht so geforstert hatte, weil mir das alles zu wenig war und nicht so (...) nicht so gradlinig, habe ich immer viel nebenher eben noch gemacht, Sprachkurse, Praktika, gearbeitet, die Ausbildung. Und das ist, deswegen ist das Studium für mich eigentlich so ein Gesamtpaket, wo ich auch finde, da kann man einfach ganz viel noch mal für sich, sich weiter entwickeln. Und das gefällt mir an der Uni einfach insgesamt gut, dass man diesen Freiraum hat und deswegen würde ich auf jeden Fall auch das wieder studieren." (i_6, 34)
Bewertung Studienwahl		„naja, da ich das studium brauche um später das arbeiten zu können was ich möchte, war es in dem sinne schon die richtige entscheidung. aber insgesamt würde ich heute vielleicht etwas ganz anderes machen. vielleicht doch eher eine lehre. bin nicht so der studenten-typ. aber das hat ja nichts mit dem studium an sich zu tun. ich würde aber pädagogik vielleicht lieber an einer anderen uni studieren, wenn ich nochmal anfangen könnte. mir wäre ein größerer praxisbezug lieber. also von der uni direkt. nciht nur die 2 praktika im ganzen studium." (i_4, 61)
Informiertheit im Vorfeld		"Genau, ich war bei der Studienberatung, bei mir in der Schule und - genau - der hat dann halt gesagt, dass Pädagogik auch geht. Dann hab ich mir durchgelesen, was man so in Pädagogik studiert, und Psychologie studiert und fand Pädagogik auch sehr sehr interessant." (i_2, 10)

PARAPHRASIERUNG

Interview-Nr.	Aussage der/des Befragten	Paraphrase	Generalisierung	Reduktion
1	„Ich war mir schon im Klaren, dass es sich um ein wissenschaftliches Studium handelt,(…) ich dachte es gibt viele Berufspraxisbezüge und Praktische Einheiten -von Anfang an des Studiums."	Im Klaren darüber, dass wissenschaftliches Studium, gedacht, dass Berufspraxisbezüge und praktische Einheiten Inhalt sind.	Vorstellungen über Wissenschaft und Praxis	Kategorie: „Vorstellungen über Inhalte des Studiums"
2	„ich habe mir mehr vorgestellt, dass man wirklich auch richtige Theorien lernt, (…) und auch dass man konkretere Sachen lernt."	Lernen von Theorien und konkreten Sachen vorgestellt	Vorstellungen über theoretische Inhalte	Kategorie: „Vorstellungen über Inhalte des Studiums"
4	„ich konnte mir auch nicht wirklich etwas darunter vorstellen was auf mich zu kommt."	Keine Vorstellungen gehabt	keine Vorstellungen	Generell keine Vorstellungen über den Studiengang
5	„Vorstellungen waren wohl einen tieferen Einblick in verschiedene Arbeitsfelder und Handlungsweisen, sowie Theorien zu bekommen."	Vorstellungen über Einblicke in Arbeitsfelder, Handlungen und Theorien	Vorstellungen über praktische und theoretische Inhalte	Kategorie: „Vorstellungen über Inhalte des Studiums" Subkategorien: „Bezüglich theoretischer Inhalte" und „Bezüglich praktischer Inhalte"
6	„Ich weiß gar nicht, ob ich so ganz konkrete Vorstellungen hatte, Ich konnte mir da relativ wenig drunter vorstellen, was man da theoretisch bearbeitet. Also ich habe mir, glaube ich, viel mehr Praktisches drunter vorgestellt"	Keine konkreten Vorstellungen über theoretische Bearbeitung, mehr Praktisches vorgestellt	Keine konkreten Vorstellungen über theoretische Inhalte Vorstellungen über praktische Inhalte	Kategorie: „Vorstellungen über Inhalte des Studiums" Subkategorien: „Bezüglich theoretischer Inhalte" und „Bezüglich praktischer Inhalte"

DIE KATEGORIEN ZUR SKALIERENDEN INHALTSANALYSE DER DREI WICHTIGSTEN HAUPTKATEGORIEN

Die drei wichtigsten Hauptkategorien wurden für die skalierende Inhaltsanalyse dieser Interviewabschnitte neu definiert:

Kategorie	Niveau	Definition
Vorerfahrung im pädagogischen Bereich	(1) Keine Erfahrungswert	Keinerlei Vorerfahrungen im pädagogischen Bereich angegeben
	(2) Mittelmäßiger Erfahrungswert	Erfahrungen in einer ausgeübten pädagogischen Tätigkeit
	(3) Hoher Erfahrungswert	Erfahrungen in mehreren ausgeübten pädagogischen Tätigkeiten
Vorstellungen Studiengang	(1) Keine Vorstellungen	Keine Vorstellungen über den Studiengang und das Studium angegeben
	(2) Ungefähre Vorstellungen	Eine Vorstellung in irgendeiner Form über den Studiengang oder das Studium geäußert
	(3) Konkrete Vorstellungen	Konkrete, differenzierte, mehrere Vorstellungen über den Studiengang oder das Studium geäußert
Informiertheit im Vorfeld	(1) Nicht informiert	Keine Informationen oder Auseinandersetzungen mit dem Fach oder dem Studium
	(2) Mittelmäßig informiert	Es wird eine Form der Auseinandersetzung mit oder Information über den Studiengang, das Studium, oder das Fach geäußert
	(3) Gut informiert	Es werden mehrere Formen der Auseinandersetzung mit oder Information über den Studiengang, das Studium, oder das Fach geäußert

In allen drei Fällen gilt die Kategorie (4) als nicht zuordnungsbar.

MATERIAL (EXEMPLARISCH)

i_6:
I:: Ok, ja ähm (lachen) (...) Hallo D., ja vielen Dank, dass du dir Zeit nimmst, äh dieses Interview mit mir zu machen heute. Ähm ich äh gehöre zu einer Arbeitsgruppe, die ein kleines Forschungsprojekt durchführt. Wir ähm wollen herausfinden, welchen Motive äh Pädagogikstudenten bei ihrer Studienwahl hatten. Und ich würde jetzt einfach anfangen, so ganz allgemein äh zu fragen: Wie bist du dazu gekommen, Pädagogik zu studieren? 00:00:28-6

B2: So allgemein finde ich das relativ schwer zu beantworten. Das ich was mit Menschen arbeiten wollte, das war mir schon lange klar. Und dann hat sich das so ein bißchen entwickelt vom Wunsch äh Erzieherin zu werden so mit jüngeren Jahren, über FH, bis dann hin zur Uni. Ähm durch auch einfach immer praktische Erfahrungen, die ich dann gemacht habe und dass ich dachte, ich wollte mir möglichst viel, ein möglichst breites Spektrum offen halten. Deswegen bin ich dann an der Uni gelandet. 00:00:55-3

I:: Aha. Ok, interessant. Ähm Kannst du das noch bißchen näher beschreiben, also welche (...) welche Einflussfaktoren oder welche Umstände haben denn ganz konkret dazu geführt, dass du jetzt äh diesen Studiengang gewählt hast und dass du dann auch an die Uni gegangen bist. 00:01:10-6

B2: Ähm also ich glaube, es war ähm war tatsächlich die Möglichkeit, dass ich da dachte, da habe ich hinterher noch das weiteste Feld, um mir irgendwie was auszusuchen, dass ich wirklich an der Uni gelandet bin. FH hätte mich der praktischere Teil gereizt, an der Uni hat mich die Theorie ein bißchen abgeschreckt. Ähm ich dachte aber trotzdem, dass ich hinterher offener bin für andere Sachen auch noch. Und ähm dann war es natürlich auch eine Frage, was man hinterher bekommt und dass man als Pädagoge POTENTIELL eher die Chance hat, noch mehr zu verdienen, ja. 00:01:43-3

I:: Hm, ok. Du hast, wenn ich das jetzt richtig in Erinnerung habe, hast du davon erzählt, dass du auch ähm praktische Erfahrungen schon gemacht hast äh im Vorfeld deines Studiums. Kannst du dazu noch ein bißchen was sagen, wie du das erlebt hast und inwieweit das vielleicht auch deine Studienwahl beeinflusst hat? 00:01:59-2

B2: Das fing relativ niedrigschwellig an in mit einem Kindergartenpraktikum, Babysitten, ehrenamtliche Mitarbeit in einem Verein für behinderte Leute, dann Ferienfreizeiten und dann nach dem Abi ein dreiviertel Jahr in Peru in sozialen Projekten und das (...) hat alles zusammen so den Ausschlag gegeben, dass ich praktisch mir so mein Feld zurecht gesucht habe. 00:02:21-7

I:: Ahja. Und ähm wenn du jetzt so äh von der jetzigen Position aus dich versuchst zurück zu erinnern, ähm wie hast du das ähm erlebt, also was du da so für Stimmungen und Gedanken und Gefühle gehabt ähm während dieser Studienwahl? Das ist äh Bei dir hört sich das jetzt so an, als ob das ziemlich gradlinig war. Ähm hast du das auch so erlebt oder würdest du das jetzt nur so im Nachhinein sagen? Also hast du zwischendurch auch mal Zweifel gehabt, ob das wirklich das richtige ist? 00:02:47-8

B2: Also erstmal war es ziemlich gradlinig, weil für mich nicht so viel anderes in Frage kam, außer so eine Richtung, es ging dann nur, was speziell. Ähm das war auch so ein bißchen teilweise gegen den Widerstand von meinen Eltern, die immer gesagt haben, du kannst doch viel mehr, mache doch Medizin, mache doch irgendwas anderes. Ähm das hat mich aber nicht so arg beeindruckt, ähm unsicher geworden bin so na in den ersten Semestern. Also ich bin (...) hatte anderthalb Jahre Praxis, erst in Südamerika und dann habe ich hier noch mal ein dreiviertel Jahr in einem Heim gearbeitet und bin dann an die Uni und das war einfach so theoretisch, dass ich da schon dran gezweifelt habe. Und das hat dazu geführt, dass ich dann auch im dritten Semester mich noch mal bei der ZVS für Psychologie beworben habe, weil ich dachte, vielleicht ist das ein bißchen konkreter. Habe den Platz auch bekommen, äh wollte den aber eigentlich gar nicht, aber es war für mich noch mal so eine Phase, wo ich überlegt habe. 00:03:38-8

I:: Ahja, interessant. Ähm (...) ja du hast äh das eben schon angesprochen, das ist auch ähm ein Thema, das ich anschneiden wollte. Ähm und zwar (...) möchte ich jetzt mit dir da ins Gespräch kommen, welche Vorstellungen und Erwartungen du an das Pädagogikstudium hattest, äh also bevor du es angefangen hast. Kannst du das vielleicht noch ein bißchen näher beschreiben? Du hast schon ein paar Sachen gerade erzählt, ähm du hast jetzt aber, glaube ich, erzählt, als du schon im dritten Semester warst. Vielleicht können wir noch mal zurück schauen, also kurz bevor du angefangen hast, was du da so für Vorstellungen hattest. 00:04:10-6

B2: Ich weiß gar nicht, ob ich so ganz konkrete Vorstellungen hatte, auch von Uni oder so weiß ich das nicht unbedingt, weil das in unserer Familie auch nicht unbedingt so üblich war und ich auch keine älteren Freunde hatte oder so, die schon studiert hatten. Ich glaube, ich habe eher angefangen zu studieren mit dem Berufsziel hinterher und weniger von den Inhalten her. Ich konnte mir da relativ wenig drunter vorstellen, was man da theoretisch bearbeitet. Also ich habe mir, glaube ich, viel mehr Praktisches drunter vorgestellt, so was man jetzt so in Beratung macht oder so diese praktischeren Seminare. Und so diese Grundlagen von Sozialisation und diesen ganzen Kram fand ich anfangs ein bißchen (...) ja ein bißchen arg theoretisch. Da hat mir die Verknüpfung zur Praxis gefehlt. 00:04:54-4

I:: Ahja, ok. Und wie würdest du das sagen, du hast das auch schon ein bißchen angesprochen, ähm wie sich diese Erwartungen und Vorstellungen ja denn in der Realität angefühlt haben. Und du hast eben gesagt, dass du hm praktische Anteile so vermisst hast, das hat sich aber jetzt im Hauptstudium ein bißchen gewandelt. Ähm kannst du das ähm noch ein bißchen näher beschreiben, wie du das hm (...) äh ja (...) ja, wie du dein Studium sozusagen jetzt empfindest im Nachhinein. 00:05:29-6

B2: Also im Nachhinein halte ich es für sinnvoll auch mit allen theoretischen Kram, den man hat. Ich habe das vielleicht auch erst so richtig im Hauptstudium zu schätzen gelernt. Ich habe nach dem dritten Semester mein Vordiplom gemacht und war dann direkt im vierten im Hauptstudium und das war für mich ganz gut und wichtig, weil man da sich mehr spezialisieren konnte. Da hatte ich dann meinen Schwerpunkt Sozial- und Sonderpädagogik und Beratung und da das waren mehr die Felder, die mich interessiert haben, als diese ganze Allgemeine. Und ich habe auch relativ lange gebraucht, um zu merken, dass das Studium tatsächlich auch eine Auswirkung auf die Praxis hat. Das würde ich aber jetzt so sehen, aber das hat, das hat ein paar Semester gedauert, bis ich das verstanden habe, dass auch wenn man keine Praxiskompetenz an die Hand bekommt, dass sich das trotzdem auswirkt auf die praktische Arbeit in der Qualität. Und das äh das hat mich dann sehr zufrieden gestellt, dafür hatte sich dann, das Studium für mich gelohnt. 00:06:20-1

I:: Hm. Genau, das ist jetzt nämlich meine Abschlussfrage, denn also, wie würdest du deine Studienwahl heute bewerten ähm würdest du das äh die Wahl nochmal treffen, würdest du Pädagogik noch mal studieren, wenn du vor der Entscheidung stehen würdest? 00:06:33-2

B2: Ich würde es auf jeden Fall noch mal studieren, ich würde auch auf jeden Fall wieder an die Uni gehen. Ähm und ich habe das auch sehr genossen, dass es so frei war. Also ich weiß nicht, ob ich mit so einem Bachelor Studiengang mich genauso gut gefühlt hätte, sondern dadurch, dass mich die Uni am Anfang nicht so gefordert hatte, weil mir das alles zu wenig war und nicht so (...) nicht so gradlinig, habe ich immer viel nebenher eben noch gemacht, Sprachkurse, Praktika, gearbeitet, die Ausbildung. Und das ist, deswegen ist das Studium für mich eigentlich so ein Gesamtpaket, wo ich auch finde, da kann man einfach ganz viel noch mal für sich, sich weiter entwickeln. Und das gefällt mir an der Uni einfach insgesamt gut, dass man diesen Freiraum hat und deswegen würde ich auf jeden Fall auch das wieder studieren. 00:07:16-0

I:: Ok. Ähm ein Punkt ist mir jetzt noch eingefallen (lachen), den ich dann doch noch, wo ich auch gerne noch mal nachfragen möchte. Und zwar äh, du hast es gerade ganz kurz angesprochen, du machst noch eine Ausbildung nebenbei. Ähm du hast das in unserer Vorbesprechung erzählt, dass du ähm eine beraterische Ausbildung machst. Kannst du das noch mal ein bißchen beschreiben, wie das ähm dein Studium, also wie das mit deinem

Studium zusammenhängt, inwieweit das das vielleicht ergänzt und inwieweit du da jetzt ähm ja die Bezüge auch zum Studium herstellst und zu deiner Studienwahl. 00:07:48-0

B2: Also theoretisch baut es sehr stark auf die Uni auf. Ähm (...) das, was Beratung ausmacht, was äh was für die Haltung wichtig ist, also da kann man, finde ich, aus der Uni ganz viel mitnehmen. Und ergänzend ist es insofern, als dass man da die ganz konkreten praktischen Handlungskompetenzen an die Hand bekommt, ähm praktisch übt. Und da, finde ich, ist die Verbindung einfach total gut, weil man durch die Uni immer noch, vielleicht ein Stück auch weiter denkt, finde ich, als wenn man nur diese Ausbildung macht. Und weil ich finde, das bereitet sehr gut auf die Praxis vor. Und deswegen finde ich diese Verschränkung eigentlich optimal. 00:08:22-9

I:: Ja, ok. Vielen Dank, dass du dir Zeit genommen hast (lachen) für das Interview. 00:08:26-6

B2: Bitte schön.

Gedächtnisprotokoll

Verlauf
Interview/Unterbrechungen/Räumlichkeiten/ Schwierigkeiten/Verbesserungsideen
Interview war relativ kurz (etwa 9 Minuten), dennoch ergiebig, wenige Pausen, guter Redefluss; kurze Unterbrechung, als eine Person die Tür öffnet; Tonaufzeichnung ohne Probleme; Teeküche Bei St. Jost, Aufenthaltsraum; Gesprächsführung und Frageformulierung gelang besser als beim ersten Interview

Interviewpartner/in: Redeverhalten, nonverbales Verhalten, weitere Besonderheiten
Interviewpartnerin erschien konzentriert und offen; nahm Erzählimpulse auf; ging auf Nachfragen ein; unauffällige Gestik und Mimik; Interviewpartnerin erschien zunächst etwas irritiert darüber, beim sprechen das Mikrofon halten zu müssen

Eigene Reaktionen
Nervosität und Anspannung geringer als beim ersten Interview; emotionale Teilnahme an Gespräch, Neugier und Interesse durch Beiträge der Interviewpartnerin; einige Themenaspekte, die von der Interviewpartnerin angesprochen worden sind, wären gerne vertieft worden